AF242594

ALLOCUTION DE M. LE BATONNIER

ET

ÉLOGE

DE

LE FEBVRE

PAR

GASTON DE FAULTRIER,

Avocat, Docteur en droit.

OUVERTURE

DE LA CONFÉRENCE DES AVOCATS A LA COUR IMPÉRIALE DE METZ,

Du 9 Décembre 1867.

METZ

TYPOGRAPHIE ET LITHOGRAPHIE DE NOUVIAN.

1868

ALLOCUTION

DE M. LE BATONNIER.

La première conférence de l'Ordre des Avocats à la Cour impériale de Metz, pour l'année judiciaire 1867-1868, a eu lieu le 9 Décembre. Un grand nombre de magistrats honoraient cette séance de leur présence; M. Cailly, bâtonnier, l'a ouverte par l'allocution suivante :

MES CHERS ET JEUNES CONFRÈRES,

Chaque année nos Conférences s'ouvrent par une allocution que vous adresse le Bâtonnier en exercice et par un discours sur un sujet indiqué d'avance que prononce un jeune Avocat désigné par le Conseil de l'ordre. Nous sommes fidèles aux traditions du passé, car nous suivons encore aujourd'hui les dispositions de l'article 1er du réglement, sur la Conférence des Avocats, que le Parlement de Metz approuvait et homologuait par un arrê. du 1er juin 1761.

Ce réglement voulait que le jeune Avocat qui prenait la parole devant vous fit l'éloge des qualités et des ve_tus

propres ou nécessaires à l'Avocat. En plaçant sous vos
yeux la vie du Président Le Febvre, ancien Avocat du
barreau de Metz, mon jeune confrère remplira complé-
tement la tâche qui lui est dévolue; mais votre Bâtonnier
dont le devoir était autrefois de vous signaler les défauts
ou les vices apposés aux traits dont l'ensemble formait le
modèle proposé à votre imitation, pourrait-il dans ce
moment remplir cette mission? Où pourrais-je, en effet,
trouver dans l'ordre auquel nous appartenons un triste
exemple de ce défaut de qualités ou de vertus qui toujours ont brillé chez ceux de nos confrères qui nous ont
précédés dans la voie que nous suivons, dans celle où
vous vous engagez vous-mêmes? Ce serait m'exposer à
procéder à une vaine recherche, et je préfère en reconnaissant de suite combien elle me serait pénible, déclarer
l'impossibilité où je serais de la faire.

Peut-être pourrais-je tenter de guider vos pas, en vous
donnant quelques avis sur le but de la carrière que vous
allez suivre. Mais quel écueil n'aurais-je pas à redouter !
En faisant appel à ma faible expérience, moi qui suis
le moins âgé des membres de votre Conseil, n'aurais-je
pas à craindre de manquer au respect que je dois aux
anciens confrères qui m'entourent et qui mieux que moi
pourraient vous dire les règles, les droits et les devoirs
de notre profession. C'est à leur bienveillance extrême,
dont je les remercie encore ici publiquement, que je
dois le difficile honneur de vous entretenir. Pour m'en
acquitter, sans affronter le péril que je crains, qu'il me
soit permis d'appeler votre attention sur le soin que
vous devez apporter, comme vos devanciers l'ont fait,

à suivre les Conférences qui vont s'ouvrir. Laissez-moi donc remettre sous vos yeux les travaux auxquels se livraient les anciens membres de notre ordre lorsqu'ils débutaient au barreau, et vous dire les exercices auxquels se soumettaient ces vaillants champions du droit et de la justice, lorsqu'ils aspiraient à l'honneur de porter la parole devant le Parlement de Metz.

I.

D'après l'ordonnance du Parlement de Paris du 10 mai 1344, les Avocats nouvellement reçus n'avaient pas immédiatement accès au barreau, quoiqu'ils eussent cependant droit de plaider aussitôt leur réception. « Cela tenait, dit cette ordonnance, à ce que comme l'expér.ence de fait et la pratique du style de la Cour, servent beaucoup dans l'exercice de la profession d'Avocat, ceux qui sont nouvellement reçus en cette qualité ne doivent point s'ingérer témérairement d'en faire aussitôt les fonctions, ils doivent s'en abstenir pour leur honneur et pour ne pas nuire aux parties par leur inexpérience, ils doivent pendant un temps suffisant écouter les anciens de manière à pouvoir un jour remplir leurs fonctions avec éloge et utilement pour le public. » Aussi par suite de ce rôle tout passif les Avocats nouvellement reçus étaient-ils appelés Avocats écoutants, *Audientes.*

Au Parlement de Metz un Avocat quoique porté sur le tableau, après avoir suivi pendant trois années le barreau, ne quittait la classe des jeunes Avocats *(Audientes)* pour être admis au nombre des anciens qu'après 10 ans de matricule, c'est-à-dire 10 années après avoir prêté serment d'Avocat et avoir été inscrit sur le tableau. C'était pour eux que le Parlement avait homologué le réglement arrêté par délibération de l'ordre du 22 avril 1761 qui déterminait les exercices relatifs à la profession d'Avocat et aux Conférences (1).

D'après ce réglement, c'était dans la salle basse du Palais, convertie par l'ordre en bibliothèque avec antichambre, servant de chambre de consultation, que se tenaient les Conférences, le premier samedi non férié de chaque mois, à l'exception du temps des vacances. Six questions y étaient traitées par séance, chacune par deux jeunes Avocats dont l'un soutenait l'affirmative et l'autre la négative; puis elles étaient résumées par un ancien qui, suivant les termes du réglement, devait agiter la matière *in utramque partem*. Registre était tenu de la décision intervenue sur chacune des questions soumises à la Conférence présidée par le Bâtonnier ou par l'ancien Avocat à son défaut.

Enfin, pour maintenir dans l'Ordre les sentiments de zèle, d'affection et de dévouement pour la profession, quatre discours, réduits à deux seulement, par délibération de l'Ordre des Avocats du 19 décembre 1768, étaient faits annuellement et devaient rouler sur la profession, les devoirs et les qualités du cœur et de l'esprit de l'Avocat. Ces discours qui ne devaient durer qu'un quart d'heure

---

(1) Ce Réglement a été imprimé en tête de la seconde édition du catalogue de la bibliothèque de l'Ordre des Avocats publié en 1776, à Metz, chez Joseph Antoine. Tout jeune avocat inscrit au stage recevait un exemplaire de ce réglement auquel était joint des exemplaires des délibérations modificatives du 15 décembre 1763 et du 19 décembre 1768.

au moins ou une demi-heure au plus, devaient être prononcés l'un par un jeune Avocat et l'autre par un ancien, le premier samedi après la Quasimodo; mais, par une sage mesure digne de la modestie qui sied aux membres de l'ordre, le réglement voulait que sous aucun prétexte, il ne fût permis d'y faire entrer l'éloge d'aucun des Avocats composant l'ordre ou l'assemblée (1).

C'étaient là les soins que prenaient les anciens dans l'intérieur de l'Ordre pour former leurs jeunes confrères au service et au respect de la justice. Toutefois comme l'exercice de la parole, grâce aux conférences, n'eût pas encore été assez fréquent pour les jeunes Avocats une autre institution remplissait cette lacune : c'était la Bazoche.

Que ce mot, mes jeunes confrères, ne vous fasse pas sourire; car il serait possible de dire qu'elle est plus commune qu'on ne le suppose, l'erreur d'un rédacteur de prospectus de librairie qui, annonçant, il y a peu de temps à Paris un petit livre très-curieux et très-rare, imprimé en 1654 et intitulé: *Recueil des Statuts, Ordonnances, Reiglements, Antiquitez, Prérogatives et Prééminences du Royaume de la Bazoche*, faisait suivre cette annonce de cette note : « On classe ce Recueil dans les Facéties. La confrérie des clercs de la Bazoche était une association facétieuse, ayant ses priviléges comme la Mère-Sotte, la fête des Fous, etc. » Cette note était une

______

(1) De ces discours l'on ne connaît guère que celui qui fut prononcé le 12 décembre 1767, par Claude-Augustin Vignon et qui fut imprimé en 1768, à Metz, chez Joseph Antoine, sous le titre : *Du Jugement et du Goût nécessaires à l'Avocat dans ses études et ses productions*, in-12 de 56 pages, y compris le titre.

erreur que le désir d'éveiller l'attention des amateurs explique, mais ne justifie pas.

II.

La Bazoche, mot qui ne veut rien dire autre chose que la Maison du Roi ou le Palais (βασιλειος οικος ou simplement βασιλειον) , était au fond une institution très-sérieuse, placée sous la protection du Roi et sous celle de ses Parlements. C'était la réunion dans une vaste corporation de tous les clercs du Palais au nombre desquels se trouvaient les jeunes Avocats; car autrefois il était d'usage que les jeunes Avocats, se formassent au style, c'est-à-dire à la procédure, en travaillant pendant quelque temps dans les études des procureurs.

Cette corporation formait au-dessous du Parlement une juridiction spéciale; elle exerçait en effet un pouvoir disciplinaire réel sur les jeunes légistes qui en faisaient partie, et qui tous pratiquaient les usages du Palais et son style dans des causes vraies ou supposées. Seulement nos pères qui pensaient que l'air réfléchi, la tournure sévère, le maintien compassé, ne sont pas les vrais apanages de la jeunesse, avaient-ils laissé à ce corps des moments d'abandon, qu'ils toléraient avec d'autant plus de facilité qu'ils savaient que l'étude du droit ne conduit guère à la licence et que l'esprit du corps même réprimerait des abus, s'ils pouvaient se produire.

La plantation chaque année, dans la cour du Palais, d'un mai orné des armoiries de la Bazoche, de rubans bleus et blancs, couleurs de la corporation; la marche

triomphale pour aller couper ce mai et le rapporter au
son des tambours et des trompettes; les revues des sujets
du royaume de Bazoche; les aubades données le vendredi
de carême prenant, depuis sept heures du soir jusqu'à
quatre heures du matin, à Mᵍʳ le premier Président du
Parlement et aux autres magistrats de la Cour; toutes ces
singularités joyeuses, terminées par des festins où se
manifestaient les élans les plus vifs de la joie des jeunes
clercs, et dont le public était témoin, pouvaient dans les
temps anciens, faire supposer que cette institution n'était
qu'une association facétieuse; mais au siècle dernier,
privée en grande partie de ses joyeux attributs, elle présentait un aspect plus grave, comme on peut en juger
par les statuts que lui donna à Metz, le 23 août 1784,
le Parlement de cette ville (1).

La cour de Bazoche, composée d'un Chancelier-président, de six Conseillers-maîtres des requêtes, d'un
Avocat-général, d'un Procureur-général, d'un Trésorier
Receveur-général, d'un Secrétaire-Greffier en chef, de
deux Substituts du procureur général, d'un Receveur
particulier, d'un Premier Huissier et de trois huissiers
ordinaires, avait droit de connaître en dernier ressort de
toutes les causes personnelles entre les clercs, et ne

(1) La Bazoche avait été déjà établie à Metz quelques années avant
l'union du Parlement de cette ville à la cour souveraine de Lorraine, mais son
organisation n'avait reçu aucune sanction légale de la part de la Cour.
Dissoute à la suite des événements qui vinrent à cette époque frapper
la magistrature, elle ne fut rétablie que quelques années après le
retour du Parlement à Metz, quand les jeunes clercs eurent acquis
assez d'instruction pour s'acquitter convenablement de ses fonctions.
La cour ayant fait droit à la requête qui lui fut présentée, le 21 janvier

pouvait prononcer qu'au nombre de sept juges au moins en matière réelle.

Le trouble à son audience était réprimé sur les conclusions de l'avocat général, d'une amende arbitraire et le jugement de condamnation était exécutoire sur le champ, ou si cette exécution était impossible, c'était à la Cour que s'adressaient les officiers de la Bazoche pour obtenir permis d'exécution.

Si le délit commis à l'audience était assez grave pour mériter une peine supérieure à l'amende, procès-verbal était aussitôt dressé et remis au plus tard dans les 24 heures au procureur général du Roi.

1783, pour constituer les clercs en corps de Bazoche, la communauté des clercs procéda à des élections afin de nommer ses officiers qui furent :

MM. Grozier Barthelemy, chancelier-président garde des sceaux ;

Barthelemy Claude,
Héraut Denis Godegrand,
Gusse Jean-Baptiste, Conseillers-Maîtres des Requêtes ;
Maurice Dominique,
N···,
N···,

Mathieu Charles-François, Avocat général ;
Colchen Claude-Nicolas-François, Procureur général ;
Hode Jean-Baptiste, Substitut ;
N. Vatherot, Greffier en chef, Trésorier-contrôleur.

Après cette élection le Parlement supplié par requête de la Communauté des clercs de désigner un procureur pour installer la Bazoche, nomma par ordonnance du 4 février suivant, pour commissaire à cet effet, Me Dauphin, syndic de son corps, qui, le 22 du même mois, procéda à cette installation dans la salle des audiences du Parlement dite à *huis-clos*, après avoir pris dans celle du parquet le serment des membres de la Bazoche.

Les jugements de la Bazoche, n'étaient plus intitulés comme autrefois, lorsque ce corps constituait une sorte de fief pour le Roi qui le gouvernait : *La Bazoche régnant en Triomphe et Titre d'honneur , à tous présents et advenir : salut ;* mais ils portaient plus simplement *Les gens tenant la Bazoche établie près la Cour de Parlement de Metz, à tous ceux qui ces présentes verront : salut.*

L'on peut dire que d'après ce réglement c'étaient aux jeunes avocats qui avaient pendant un certain temps suivi les audiences et travaillé dans l'étude d'un procureur près la Cour de Parlement qu'étaient dévolues les charges les plus élevées de la Bazoche, celles de chancelier président, de conseillers maîtres des requêtes, d'avocats et de procureurs généraux. Ils concouraient avec les autres clercs pour les fonctions de greffier en chef, de trésorier receveur général, de receveur particulier, mais ils étaient exclus des charges d'huissier qui ne pouvaient être remplies que par des clercs qui n'étaient pas reçus avocats. Ces officiers étaient nommés annuellement par voie d'élection à l'exception du procureur général qui était inamovible, dans une assemblée des clercs qui se tenait le lendemain de la Saint-Nicolas d'hiver.

Devant cette Cour tous les Avocats qui y étaient reçus avaient le droit de plaider et d'y faire toutes les fonctions du ministère des procureurs. Ils devaient seulement pour être admis au serment justifier d'un travail de dix-huit mois au moins dans les études des procureurs et qu'ils avaient suivi les audiences pendant trois mois.

Le jour de sa réception le jeune clerc prêtait serment

d'observer les ordonnances, arrêts et réglements de la Cour, statuts et réglements de la Bazoche, et il était exhorté *d'être assidu aux audiences et de respecter les anciens*, tandis que prêtant serment d'avocat devant le parlement, le jeune gradué était invité par le président de la chambre devant laquelle il se présentait *à prendre place au Barreau*.

En vertu de ce respect dû aux anciens, le réglement voulait que si deux avocats dans une élection avaient un nombre égal de voix pour remplir la même place, le plus ancien fût préféré sans qu'en aucun cas le sort vînt décider entr'eux.

Aux audiences qui se tenaient les mercredi et vendredi de chaque semaine à six heures du soir, depuis le 13 novembre, jour de la rentrée de la Bazoche, jusqu'au 23 août inclusivement que commençaient les vacations, les Avocats pouvaient plaider dans des causes réelles ou supposées en observant les ordonnances, style et réglements autorisés par la Cour, mais ils ne pouvaient porter la parole dans aucune affaire indécise à la Cour ou dans la juridiction de l'enclos du Palais, que du consentement des procureurs qui en étaient chargés.

Dans ces plaidoyers qui n'étaient fréquemment que de véritables exercices, les Avocats devaient s'attacher à se former un style clair, net et précis, éviter avec soin d'user de termes injurieux et malhonnêtes, soit envers les parties, soit envers leurs confrères, en se rappelant toujours que l'Avocat est établi non-seulement pour défendre les droits des parties, mais encore pour modérer leurs passions, et qu'ils ne doivent user de la liberté de

leur état que pour faire triompher la justice par des
moyens honnêtes.

Ceux qui s'écartaient de ces règles devaient être avertis
par le Président *de veiller sur eux avec plus de soins,*
et de se renfermer dans les bornes de leur cause; et s'ils
ne tenaient compte de cet avis, il devait y être pourvu
autrement par les juges qui de leur côté devaient apporter
le plus de modération qu'il leur était possible dans leurs
décisions.

Les Membres de la Bazoche, aux termes du réglement
ne siégeaient pas en robe, mais ils devaient assister aux
audiences en habit noir et en cheveux longs. Et à cette
occasion mes souvenirs de jeunesse me rappellent que
quelques années même après 1830, j'ai vu encore ce
costume porté habituellement par l'un des plus vénérables
magistrats de la Cour de Metz, par M. le président Colchen,
qui sur son habit noir taillé à une mode antique, avait,
retenus par un peigne en écaille, des cheveux longs dont
la poudre relevait l'éclatante blancheur. L'on pouvait
croire que c'était pour lui une sorte d'hommage rendu à
ce vote de la Bazoche qui, en janvier 1783, lui avait
décerné le titre de procureur général et que son cœur
reconnaissant gardait encore la mémoire de l'éloge que
Mᶜ Dauphin, commissaire du Parlement pour l'installation
de cette Cour avait fait de cet heureux choix, en rappelant que les officiers du Parquet auquel appartenait
M. Colchen (1) *avaient déjà suffisamment montré qu'ils*

----

(1) M. Colchen Claude-Nicolas-François, était fils d'un procureur au
Parlement. Voir Biographie du Parlement de Metz, page 101.

avaient su mettre à profit les instructions des maîtres distingués auxquels ils devaient tout à la fois le jour et les connaissances qu'ils avaient acquises. Pour moi je tiens que la conservation de cette mode ancienne n'était pour M. Colchen qu'une honorable habitude due à la forte impression que laissait dans la mémoire des anciens, nos devanciers, le respect de la règle et les constantes pratiques d'une jeunesse passée dans l'étude des lois.

III.

Aujourd'hui, mes jeunes confrères, vous n'avez plus cette précieuse ressource de la Bazoche. Pour acquérir le don de la parole, pour le développer vous n'avez plus ses plaidoiries familières, mais les Conférences de l'Ordre vous restent. Cherchez-y donc dans l'étude de la loi à y former la justesse de votre jugement, et dans le développement donné à l'exposé de votre opinion, cherchez à vous former un langage à la fois clair, pur, net et précis; quand vous aurez acquis ces qualités, vous pourrez alors essayer de porter la parole à l'audience. Mais à la barre n'oubliez pas que ce n'est plus en quelque sorte devant un tribunal de famille que vous parlez. C'est devant le public qui juge vos débuts dans la carrière que vous allez suivre, c'est devant des magistrats sur la bienveillance desquels vous pouvez compter pour soutenir l'incertitude de vos premiers pas dans l'art de la parole que vous élevez la voix; craignez donc à la fois et le jugement du public et l'abus que vous pourriez faire d'une bienveillance qui ne doit pas être sans limite. Souvenez-vous des règles que fixait aux jeunes Avocats de la Bazoche le réglement de 1784, suivez-les et que sans cesse retentisse à votre oreille ces mots: *Avocats veillez sur vous.* Bientôt si vous suivez ces préceptes, vous deviendrez maîtres de vos idées, vous saurez réprimer cette effervescence de langage qui loin d'aider à la cause que vous défendez, l'obscurcit et lui nuit ; vous aurez acquis l'art d'exprimer votre pensée.

Mais il vous restera, pour être dignes de vos anciens, à suivre les conseils que laissait naguère échapper de son cœur l'un des maîtres dans l'art de bien dire, M. Berryer, quand s'adressant à ses jeunes confrères, il leur léguait cette règle de conduite qui doit être aussi la vôtre. « Demeurez fidèles, leur disait-il, aux grandes traditions » et aux prérogatives de notre ordre ; au milieu de la » division et du désordre des esprits, restez inébran- » lablement attachés au culte de la vérité, de la justice, » de la liberté, de l'honneur ; mettez au service de vos » clients une volonté ferme et toute la vigueur de votre » esprit, fermez vos généreux cœurs aux suggestions de » l'intérêt personnel, *le plus décrié mais le plus inévi-* » *table des trompeurs ;* luttez vaillamment contre les » pouvoirs arbitraires, déjouez par la sincérité et la » clarté de votre conscience les artifices de leurs lois ; » que vos droites intelligences ne se laissent point abattre » ou décourager par les longs succès de l'imposture. » Qu'importe que, pour ces nobles œuvres la vie se » consume en efforts impuissants, si l'on garde jusqu'à » la dernière heure le plus précieux de tous les trésors,

» la juste satisfaction de soi-même (1). » Travaillez donc, mes jeunes confrères, suivez autant que vous le pourrez ces maximes, et vous remplirez dignement la carrière que vous avez embrassée.

La parole est donnée à M. Gaston de Faultrier, pour prononcer l'éloge du président Le Febvre, ancien avocat au barreau de Metz.

---

(1) Introduction de l'ouvrage intitulé : *Le ministère public et le barreau.*

ÉLOGE DE LE FEBVRE.

MESSIEURS ,

L'hommage que chaque année nous rendons à la mémoire d'une des illustrations de notre barreau n'est pas une simple formalité commandée par un ancien usage, ni un vain exercice d'éloquence dans lequel, pour mon compte, je serais bien sûr de succomber. Cette solennité doit être pour nous un enseignement et un encouragement; c'est dans les grands exemples qui nous sont proposés que nous devons à l'ouverture de nos travaux judiciaires puiser avec un nouvel amour du bien une nouvelle ardeur dans l'exercice de notre profession.

S'il est une vie bien choisie pour nous inspirer de nobles pensées, c'est celle de Le Febvre qui fut successivement avocat au Parlement de Metz, premier

2

président à la Cour des Comptes de Lorraine et envoyé dans différentes Cours étrangères.

Un historien distingué (1), l'auteur de l'*Histoire de la réunion de la Lorraine à la France*, un des membres les plus éminents de la cour de Metz (2), qui le premier a fait revivre cette grande figure jusqu'alors peut-être trop oubliée, ont déjà payé à l'homme d'État et au magistrat le tribut d'un talent qui ne me laisse plus aujourd'hui que le danger d'une comparaison dont le résultat ne saurait être douteux.

Mais l'éloge de Le Febvre a sa place aussi dans cette enceinte. Né à une époque où le nom de son pays envahi par les armées étrangères avait été rayé de la carte de l'Europe, il trouva dans l'exercice de la profession d'avocat le moyen de se rendre utile à ses concitoyens et de satisfaire dignement à la loi du travail imposée à tous, sans blesser sa conscience ni violer la fidélité qu'il avait gardée à sa patrie et à ses princes. Plus tard quand la nationalité lorraine qui semblait à jamais disparue reprit de nouveau un rang honorable parmi les peuples de l'Europe, il se consacra tout entier à son service, et s'il était besoin de prouver encore que

(1) M. le comte d'Haussonville, *Histoire de la réunion de la Lorraine à la France*, tome IV.

(2) M. Salmon, conseiller à la cour impériale de Metz. *Étude sur le président Le Febvre;* Toul, imp. Bastien, 1842. Voir aussi sur la vie de Le Febvre: *Mémoires pour servir à l'histoire de Lorraine*, par M. Noël, n° 5, tome II, p. 182 et suivantes; *Éloge historique de M. Le Febvre*, par M. l'abbé de Tervenus, lu en Juillet 1764, à l'Académie de Nancy; *Histoire de Lorraine*, par Digot, tome VI; *Vie des Hommes illustres de Lorraine*, par Chevrier, etc.

le barreau est la meilleure préparation aux affaires
publiques , il serait facile de retrouver dans les qualités
dont Le Febvre a fait preuve comme homme d'État et
comme diplomate des habitudes d'esprit que l'on contracte
au Palais plus que partout ailleurs : un amour profond
pour l'étude, une connaissance parfaite des hommes et
des choses , un jugement sûr, et une prudence qui aplanit
ou prévient les obstacles.

Nicolas - Joseph LE FEBVRE, naquit à Épinal le
7 Février 1663 (1). Fils d'un conseiller secrétaire du duc
Charles IV, sorti d'une famille déjà ancienne et honorée
dans la magistrature de Lorraine, il était naturellement
porté vers la carrière de la robe. Après avoir terminé
ses études de droit à l'Université de Pont-à-Mousson, il
commença par plaider au bailliage d'Épinal. Mais il était
fait pour briller sur un théâtre plus élevé ; il alla bientôt
s'établir à Metz, où, reçu avocat le 1er Août 1685, il
devint en peu de temps un des avocats les plus distingués
du Parlement (2).

A peine âgé de trente ans, le jeune avocat donnait déjà
la mesure de l'étendue de ses connaissances en jurispru-
dence et, trouvant le moyen de concilier avec les occupations journalières de l'audience les longs travaux de
cabinet, il composait en 1693 un traité intitulé : *Conférence des coutumes ressortissantes au Parlement de*

(1) Voir à l'appendice la note A.
(2) *Biographie du Parlement de Metz,* par Michel.

Metz sur la matière des retraits lignagers (1); traité
remarquable à la fois par une netteté d'exposition et
une science juridique que réclamaient tout particulière-
ment la difficulté du sujet et la diversité si grande des
coutumes.

Quoique les témoignages contemporains soient una-
nimes sur la haute position dont Le Febvre jouissait à
notre barreau, il nous a été impossible de retrouver les
traces des plaidoiries qu'il y a prononcées ; les registres
du Parlement alors très-laconiquement rédigés, ne nous
ont fourni aucune lumière, et je ne sache pas que
Le Febvre ait eu la bonne fortune de plaider dans une
de ces affaires qui laissent après elles un long retentisse-
ment. Ne faut-il pas d'ailleurs que l'avocat se résigne à
être bientôt oublié après sa mort? Sa renommée est
destinée à périr avec lui ; les charmes de l'éloquence,
les émotions de l'audience, l'éclat du procès sont des
choses qui ne durent pas et dont le souvenir s'éteint le
plus souvent avec les échos de la parole même.

Mais des destinées plus brillantes attendaient Le
Febvre ; l'avocat allait bientôt devenir magistrat et
homme d'État.

Le traité de Ryswick signé le 20 septembre 1697 venait
de faire rentrer le duc de Lorraine en possession de ses
États que les troupes françaises détenaient depuis plus
de vingt années, et le duché, épuisé par les guerres et
l'occupation étrangère, allait renaître à l'indépendance
et à la prospérité. Le jeune duc Léopold était à la cour

____

(1) 138 pages in-folio ; en manuscrit aux archives du château de Tumejus.

de Vienne où il avait été élevé sous les yeux de l'Empereur
son oncle ; ne voulant pas subir l'humiliation de recevoir
ses États de la main de ceux qui en avaient été les
ennemis et les oppresseurs, il envoya pour en prendre
possession deux de ses fidèles serviteurs, Carlingford et
Lebègue.

Le premier soin des envoyés de Léopold fut de restaurer
la justice dans ses États et de rendre aux tribunaux leur
ancienne organisation. On choisit pour composer les
cours de justice les hommes connus par leur mérite et
leur attachement aux princes de Lorraine. Le Febvre fut
nommé premier substitut à la cour souveraine, à la tête
de laquelle le duc plaçait en même temps comme premier
président l'habile négociateur du traité de Ryswick, le
baron Canon, et comme procureur général Léonard
Bourcier qui abandonnait comme Le Febvre une situation
brillante au parlement de Metz et devait aussi comme
lui consacrer ses talents au service du pays. Ce fut
Le Febvre qui porta la parole au nom du parquet à
l'audience d'installation de la Cour ; le magistrat chargé
de lui répondre était le conseiller Charles de Serre dont
le nom fut de nos jours immortalisé dans la personne
d'un grand ministre, sorti lui aussi des rangs de notre
barreau.

Le duc Léopold ne tarda pas à arriver dans ses États.
Il approuva tout ce qui avait été fait par ses envoyés et
fit bientôt preuve d'une raison et d'une modération
d'esprit au-dessus de son âge. Oubliant les lauriers de
son père Charles V, le glorieux vainqueur des Turcs et le
libérateur de Vienne, oubliant la gloire dont lui-même

il s'était couvert à la journée de Temeswar où son bouil-
lant courage avait décidé du gain de la bataille et délivré
pour toujours l'occident des invasions de l'Islamisme,
le jeune duc comprit que la paix était le bien le plus
nécessaire au pays sur lequel il allait régner et il chercha
à rassembler autour de lui les hommes dont les lumières,
l'expérience et la fidélité pouvaient le mieux l'aider à
cicatriser les plaies encore saignantes du duché.

Le Febvre ne tarda pas à fixer sur lui l'attention du
Prince et il fut bientôt employé à de nombreuses négociations qui avaient pour but de relever au dehors le
rang et l'indépendance de la Lorraine.

La première mission dont il fut chargé concernait ces
relations que nous appelons aujourd'hui *rapports de
l'Église et de l'État* et qui difficiles à régler dans tous les
pays l'étaient encore plus en Lorraine que partout
ailleurs.

Le duché, depuis la réunion à la France des Trois-
Évêchés, Metz, Toul et Verdun, se trouvait dans cette
singulière situation qu'il ne possédait pas un évêché sur
son territoire; la capitale et les principales villes rele-
vaient au spirituel de l'évêque de Toul. C'était en vain
que les ducs de Lorraine avaient sollicité du Saint-Père
la création d'un siége épiscopal à Nancy : le cabinet de
Versailles et l'influence supérieure du roi de France
trop intéressé à conserver l'avantage qu'il retirait de
l'ingérence d'un prélat français dans les affaires reli-
gieuses de la Lorraine, étaient toujours parvenus à dé-
jouer les efforts de la petite Cour de Nancy.

Cette situation était une source de conflits fréquents

entre la juridiction séculière et la juridiction ecclésiastique. En 1700, la cour souveraine avait refusé l'enre-
gistrement d'un nouveau Rituel publié pour le diocèse
de Toul comme contenant plusieurs règles attentatoires
aux droits de l'autorité temporelle; quelques années
auparavant, elle avait déclaré nulles des arrestations et
des procédures dirigées par l'official de Toul contre des
curés coupables de faits punis à la fois par les lois civiles
et les lois canoniques.

Mais ce qui donna surtout la mesure de la rivalité
existant entre les deux pouvoirs, ce fut la publication
du *code Léopold,* nouveau code de procédure pro-
mulgué en 1701 et rédigé par le procureur général
Bourcier (1).

Le siége épiscopal de Toul était alors occupé par
M. de Thiard de Bissy (2), prélat éminent par sa science
et sa piété, mais apportant un soin jaloux qui allait par-
fois jusqu'à la passion dans les choses qu'il regardait
comme faisant partie des droits et des prérogatives de
son Église. Les mémoires du temps racontent que per-
sonnellement il gardait un souvenir amer de la première
audience que lui avait accordée le duc de Lorraine: il
n'avait trouvé pour s'asseoir qu'un pliant au lieu du
fauteuil auquel les évêques prétendaient avoir droit aux
réceptions de la Cour comme égaux des princes du sang.

L'évêque de Toul dénonça à la cour de Rome le code

---

(1) Voir sur toute cette affaire, outre les auteurs déjà cités : *Histoire
du diocèse de Toul,* par l'abbé Guillaume, 1867, tome III, in-fine. *Étude
sur le président Bourcier,* par M. Salmon; Toul, 1846.

(2) Voir la note *B.*

Léopold comme contenant des dispositions contraires aux priviléges de l'Église. Secondé par l'ardeur intéressée du gouvernement français, le prélat mena l'affaire si promptement et si secrètement qu'avant que le duc pût même se douter des foudres qui le menaçaient, un bref pontifical mettant le code Léopold à l'index se trouvait affiché sur les murs de la cathédrale de Toul et publié dans tout le duché.

Léopold ne se méprit pas sur la main ni sur l'influence qui avait dirigé ce coup contre lui. Sa religion était profonde et sincère, mais sa conscience ne trouvait rien à condamner dans la publication d'un code où il touchait à la vérité à différentes matières soumises naguères aux juridictions ecclésiastiques, mais où après tout, il n'avait fait que suivre les doctrines prévalant alors au sein de l'Église gallicane. Il adressa au Pape Clément XI un acte d'appel inspiré par Bourcier et par Le Febvre, modèle à la fois de dignité et de respect pour le Saint-Siége.

» Je ne me serais jamais persuadé, écrit Léopold au
» Pape, que mon nom paraîtrait un jour placardé dans
» les carrefours du monde chrétien, comme si j'étais
» l'ennemi déclaré de l'Église et son persécuteur dans
» mes États..... Je suis né d'un prince qui a exposé
» mille fois sa vie pour le bien de la chrétienté et
» dont Dieu a voulu se servir dans ces derniers temps
» pour délivrer son peuple du joug de la tyrannie otto-
» mane. Je suis le fils d'une reine qui s'est rendue plus
» recommandable par sa piété que par son auguste
» naissance. L'un et l'autre m'ont élevé dans les sen-

» timents d'une soumission parfaite aux devoirs de la
» religion et de l'obéissance à l'Église .... Cependant
» j'apprends que mes ordonnances sont flétries par une
» condamnation honteuse et leur exécution réprimée
» par la peine la plus sévère à la face de toute la ville
» de Rome qui est le théâtre de la chrétienneté.....
» Quand même ces ordonnances blesseraient en quelque
» chose les droits et les immunités de l'Église (ce que
» je ne puis avouer), il était de la justice de votre
» Sainteté aussi bien que de sa bonté de me le faire
» connaître et de m'exhorter paternellement à y remé-
» dier..... Ce bref porte le nom de votre Sainteté,
» mais il ne porte pas les caractères de son cœur. Je
» connais bien l'auteur secret de cette entreprise qui,
» par des sollicitations sourdes et clandestines et par les
» artifices d'une politique mondaine, a abusé les officiers
» de votre Sainteté..... Je suis cependant parvenu
» malgré ma jeunesse à un âge qui ne permet pas à
» un prince d'ignorer les devoirs de la religion, moins
» encore les droits de la souveraineté, et je croirais man-
» quer à ce que je dois au rang où Dieu m'a placé si je
» n'étais vivement touché de l'outrage éclatant que j'ai
» reçu par cette condamnation..... Dieu même, à qui
» rien n'est caché, a voulu marquer à tous les hommes,
» de quelque rang qu'ils fussent, l'obligation indispen-
» sable de s'éclairer des faits. *Descendam et videbo.* Il
» est bien dur pour moi qu'à mon occasion on ne se soit
» pas souvenu des règles du droit divin et du droit
» naturel en me condamnant sans m'entendre......
» Je n'avais pas encore appris que les princes étaient

» obligés d'aller chercher à Rome les règles pour admi-
» nistrer la justice à leurs sujets.... Tant de considé-
» rations m'obligent à porter mes justes plaintes à votre
» Sainteté. C'est à Elle que je m'adresse contre elle-même;
» j'en appelle à son cœur paternel, à sa parfaite sagesse
» et à son exacte justice. » (1).

Ce message si ferme et si digne fut bientôt suivi
d'une ambassade composée du marquis de Lenoncourt,
de l'abbé de Nay (2) et du procureur général
Bourcier. Mais Bourcier n'alla pas jusqu'à Rome. Ayant
appris que la présence de l'auteur même du code y serait
mal vue par le sacré collége, le duc préféra y envoyer un
de ses conseillers, qui, pour avoir pris une part moins
vive aux démêlés de l'Évêché de Toul et de la cour souveraine, n'en connaissait pas moins à fond la question ;
il remplaça Bourcier par Le Febvre qui devint en réalité
le chef de l'ambassade lorraine. Le Febvre nous a laissé
sous le titre modeste de *Récapitulation de l'affaire du code*
de nombreux et importants documents qui prouvent combien fut difficile cette négociation. Elle dura deux
années, et pendant ce temps il fallut compter avec les
exigences et les lenteurs de la cour de Rome, avec l'influence occulte du cabinet de Versailles qui entravait
toute espèce de conciliation, avec les intérêts multiples
de Léopold qui, à côté de l'indépendance de son pouvoir civil à sauvegarder , avait aussi besoin de ménager

(1) Lettre écrite par le duc Léopold au pape Clément XI, le 4 Novembre
1703.

(2) L'abbé de Nay du Plateau , grand doyen de la primatiale de Nancy.

la bienveillance de la cour de Rome en faveur de ses frères les princes Charles et François engagés dans l'état ecclésiastique et prétendant alors aux plus grandes dignités épiscopales de l'Allemagne.

Il était bien difficile, si ce n'est impossible, de mettre d'accord des influences et des exigences si opposées. Le Febvre dut transiger. La solution qui intervint fut celle qui est la plus ordinaire dans ces sortes d'affaires : on s'en tint à ce qui existait avant la querelle. Le Pape renonça à la publication de son bref de censure dans les États du duc de Lorraine; le duc révoqua son code et publia de nouvelles ordonnances qui étaient muettes sur les articles, objet du conflit, mais qui s'en référaient pour les cas non prévus aux réglements et aux usages antérieurs.

Ainsi se rétablit entre la cour de Lorraine et celle de Rome une harmonie dont le prince Charles reçut bientôt un gage en devenant évêque d'Olmütz et prince-électeur de Trèves. C'était à la prudence et à l'habileté de Le Febvre, à sa fermeté et à son dévouement qu'était dû ce succès de la négociation. Le duc ne l'ignorait pas et aux félicitations qu'on lui adressait sur l'heureuse issue de cette longue et difficile mission, il répondait : « Je n'ai » que le mérite d'avoir nommé Le Febvre, c'est lui qu'il » faut remercier. » Nobles paroles qui font autant l'éloge du prince qui les prononçait que de celui à qui elles étaient adressées.

Ces démêlés avec l'autorité ecclésiastique, si vivement excités par l'influence française, montraient combien était précaire la situation d'un petit État comme la Lorraine, resserré entre deux vastes et puissantes monarchies. Trop faible pour résister aux convoitises étrangères, elle était destinée le plus souvent à leur servir de champ de bataille en attendant qu'elle devînt leur proie. Elle subissait les calamités de guerres qu'elle n'avait pas provoquées et dans lesquelles elle était restée neutre. Sa voix n'était pas écoutée dans les grandes assemblées où s'agitaient les destinées des empires; la justice et le droit étaient dominés par la force et par le nombre. Le patriotisme des Lorrains, leur noble attachement à une antique nationalité, la gloire de leurs princes, les généreuses intentions du duc Léopold qui versait à pleine mains les bienfaits au milieu de ses sujets, tout devait céder à cette loi fatale qui semble pousser les peuples à se réunir en vastes agglomérations. Sans doute le plus souvent la justice est violée et la conscience se révolte. Mais le temps finit par tout consacrer et bientôt la grandeur de la nouvelle nation qui a surgi fait oublier sur quels glorieux débris elle s'est injustement élevée.

N'en voulons pas au duc Léopold ni à Le Febvre, son fidèle ministre, s'ils ont lutté de toutes leurs forces contre l'attraction de l'unité française dont nous sommes si fiers aujourd'hui, et s'ils ont prolongé le plus longtemps qu'ils ont pu la glorieuse agonie d'une nationalité plusieurs fois séculaire. Sans doute le trône s'est écroulé; les institutions ont changé; deux peuples presque toujours ennemis n'en font plus qu'un seul aujourd'hui; le temps a effacé les haines et les dissentiments; mais il n'a pas de prise sur les grands exemples de courage et de dévouement que nous ont laissés les hommes mêlés à ces luttes patriotiques.

Le traité de Ryswick était signé depuis plusieurs années et Louis XIV ne s'était pas encore cru obligé de remplir envers un aussi petit souverain que le duc de Lorraine les conditions du traité. Les troupes du grand roi occupaient encore Sarrelouis et Longwy et il n'était pas question d'accorder à Léopold l'équivalent dont il avait été convenu; la France, maîtresse de ces places qui par Bitche et Phalsbourg reliaient leur système de défense à l'Alsace, alors récemment conquise, ressemblait, comme l'écrivait Léopold en 1709 dans un mémoire servant d'instruction au président Le Febvre, à une main entr'ouverte qui n'avait qu'à se fermer pour anéantir la Lorraine.

La France et l'Autriche venaient de faire éclater leur mauvais vouloir et leur ambition réciproque en dépouillant chacune le duc de Lorraine d'une partie de l'héritage du duc de Mantoue.

Léopold était le plus proche héritier de Charles-Ferdinand de Gonzague, duc de Mantoue, comte de Montferrat, prince d'Arches et de Charleville, mort en 1708. Cependant au mépris de toute justice, l'empereur s'était emparé du Montferrat pour le donner à la Savoie à laquelle il devait une indemnité, et la France avait trouvé la principauté d'Arches et de Charleville trop à sa convenance pour ne pas s'en saisir immédiatement. Léopold réclama contre de si flagrantes usurpations. Les deux puissances alors en guerre remirent à la conclusion de la paix le règlement de l'indemnité. Cependant le traité d'Utrecht était signé en 1713 entre la France et l'Angleterre et le traité de Rastadt en 1714 entre la France et l'Empire sans qu'on daignât y écouter les justes réclamations du duc de Lorraine. On ne lui donna que des promesses lointaines avec des marques d'estime et de bonne amitié.

Léopold protesta et signifia ses protestations aux représentants des grandes puissances. Sa voix fut enfin écoutée et le duc d'Orléans, régent de France, fut si touché de la dignité et de l'énergie de son langage, qu'il déclara que parmi les souverains de l'Europe il ne connaissait aucun prince supérieur au duc de Lorraine, en expérience, en politique et en sagesse. La France retira les troupes qu'elle avait dans le duché et entra en négociations avec Léopold. MM. de Mahuet et Barrois furent envoyés à Paris où Le Febvre les avait déjà devancés et avait préparé les voies à un traité qui fut enfin signé le 21 janvier 1718. Par ce traité, le duc récupérait une partie de la prévôté de Longwy, les villes de Bitche et de Commercy et recevait en indemnité Rembervillers qui formait jusqu'alors une dangereuse enclave au milieu de la Lorraine ; dédommagement sans doute bien faible et bien disproportionné avec ce que le duc avait perdu, mais dont sa faiblesse devait se contenter et se féliciter à l'encontre d'un monarque puissant.

L'indemnité due par l'Autriche pour le duché de Montferrat injustement distrait de la succession du duc de Mantoue fut aussi obtenue par la vigilance et l'habileté diplomatique de Le Febvre, envoyé à Vienne en 1720. En 1722, le duc Léopold obtenait en compensation la principauté de Teschen en Silésie et le comté de Falkenstein.

C'est ainsi que Le Febvre attachait son nom à toutes les négociations importantes où se trouvaient intéressées l'indépendance et l'intégrité territoriale de son pays. Des services aussi signalés l'avaient en peu de temps conduit aux premières dignités de la magistrature et les conseils du duc. Conseiller d'État et premier président des requêtes du Palais en 1709, procureur général en la chambre des comptes de Lorraine en 1713, il devenait en 1726 premier président de la chambre des comptes.

Ses puissantes facultés, sa passion pour le travail, son dévouement au pays suffisaient aux tâches les plus ardues et les plus diverses. Alors qu'il était envoyé à Barcelone, à Milan, à Vienne, partout où l'appelaient les intérêts de l'État, et qu'il passait plusieurs années dans les cours étrangères pour y faire triompher les justes réclamations de son souverain, Le Febvre devenu diplomate n'oubliait pas ses fonctions de magistrat, et trouvait le temps de composer un traité intitulé : *Coutumes générales de Lorraine commentées et comparées avec les coutumes de Bar, Metz, Verdun, St-Mihiel, Vic, Rembervillers, Epinal et autres.*

Il ne touchait jamais à une affaire, il ne donnait jamais d'avis sans avoir éclairé son opinion par un travail assidu et des recherches opiniâtres. Sachant bien que l'écriture est le moyen le plus sûr de se rendre un compte exact des choses et de s'obliger soi-même à une étude approfondie, il avait pris l'habitude de consigner par écrit toutes ses observations dans des mémoires qui, pour être rédigés avec une absence complète de recherche, n'en sont pas moins des modèles de clarté et d'exposition. Dans un temps où les traditions et les précédents étaient d'un si grand poids dans la politique et la diplomatie, il avait compris que l'histoire était l'étude la plus nécessaire à un homme d'État. Personne ne connaissait plus à fond les origines de son pays (1) ; ses mémoires politiques et administratifs sont aussi intéressants par les exposés historiques qui les précèdent que remarquables au point de vue pratique et actuel des questions qui y sont traitées.

En 1716, alors que le duc de Lorraine était en instance pour obtenir la loyale exécution du traité de Ryswick, il avait espéré pouvoir affranchir le Barrois mouv. nt de l'hommage dû au roi de France, hommage qui forçait les princes de Lorraine à venir humblement à Versailles se reconnaître les vassaux du Roi et qui rendait illusoire dans tout ce pays le pouvoir des ducs. Le Febvre composa un véritable traité historique intitulé : *Mémoire de l'envoyé de Lorraine touchant les droits de souveraineté de S. A. R. Mgr le duc de Lorraine en qualité de duc de Bar dans le Barrois mouvant* (2). Il ne recula pas devant les plus longues et les plus minutieuses recherches dans les archives de Lorraine et de France et le travail qu'il s'imposa fut si pénible et si excessif qu'une paralysie mit

(1) Voir les pièces justificatives du tome IV de l'*Histoire de la réunion de la Lorraine à la France,* pièce LIX in-fine.

(2) 103 pages in-folio, 1718, suivies de preuves qui s'arrêtent à la page XCIV. Voir *Essai historique sur la rédaction officielle des principales coutumes de la Lorraine ducale et du Barrois,* par M. Beaupré, conseiller à la cour de Nancy 1845 (p. 13 et 150).

sa vie en danger. Cependant telle était sa modestie qu'il ne signa pas même de son nom cette importante étude historique ; elle serait peut-être aujourd'hui complètement oubliée si plus d'un siècle après, M. Troplong, alors avocat général à Nancy, n'avait été appelé dans de grands débats judiciaires à faire revivre le même sujet avec son double talent de jurisconsulte et d'historien (1).

Je voudrais pouvoir énumérer indépendamment de ses volumineux mémoires diplomatiques les titres de tous les manuscrits que Le Febvre a laissés sur les matières les plus diverses et qui sont conservés avec un soin pieux par ses descendants. Qu'il me suffise de citer : *Les Observations et réflexions sur la nature et mouvance du duché de Bar ; les observations sur le titre et la qualité de prince d'Empire ; les observations sur l'administration des finances de S. A. R.; mémoire concernant les droits de marque sur les fers et aciers établis en 1699 ; réflexions sur les péages en Lorraine et en Barrois* (2).

On comprend facilement de quelle légitime influence un tel homme jouissait dans les conseils de l'État ; le duc Léopold avait conçu pour lui la plus profonde estime ; il s'était habitué à le considérer comme le chef et l'âme de son gouvernement. « Vous êtes mes amis, disait-il un jour à deux de ses favoris le prince de Beauvau et M. le

----

(1) *De la souveraineté des ducs de Lorraine dans le Barrois mouvant et de l'inaliénabilité de leurs domaines dans cette partie de leurs États* Nancy, 1832, in-8°.

(2) Voir la note C.

Meuser, mais Le Febvre est l'homme de l'État, l'homme de ma maison » (1).

Le duc n'hésita pas à lui confier la négociation la plus importante de son règne, et qui devait avoir sur les destinées de sa maison comme sur celles de l'Europe une influence décisive. Léopold ne se méprenait pas sur les dangers qui menaçaient l'existence même de sa souveraineté; il comprenait parfaitement que son petit État n'était plus entre la France et l'Empire qu'une proie ardemment convoitée et un obstacle que ces deux irréconciliables ennemis briseraient bientôt dans leur choc. Les invasions si fréquentes des armées françaises qui étaient devenues à plusieurs reprises de véritables occupations lui servaient d'avertissement et leur souvenir dissipait les illusions que l'amour de ses sujets aurait pu encore lui laisser; il ne pouvait s'empêcher d'entrevoir un dénoûment dans un avenir plus ou moins prochain.

Léopold prévoyait la ruine de ses États ; il voulut du moins assurer à sa maison un avenir digne d'elle. Une grande ambition s'empara de lui.

L'empereur Charles VI n'avait eu que des filles de son mariage avec une princesse de Brunswick. Inquiet sur l'avenir de sa race, il cherchait les moyens de prévenir le partage de ses États héréditaires et il pensait à trouver pour sa fille aînée Marie-Thérèse un époux capable de recueillir un si grand et si pesant héritage.

Des sympathies de toutes sortes, des liens étroits de parenté, les souvenirs d'une enfance passée dans l'inti-

(1) Souvenir rapporté par M. Pillement de Bassange.

mité du duc Léopold à la cour d'Autriche, la reconnaissance des grands services rendus à l'Empire par le duc Charles V, le libérateur de Vienne, tout était fait pour rapprocher la maison d'Autriche de celle de Lorraine. Il n'était pas non plus d'un médiocre intérêt pour l'Empereur de s'assurer l'amitié et peut-être l'acquisition d'un petit État, qui par sa situation pouvait être dangereux entre des mains ennemies et se trouvait maintenant placé au cœur de la France depuis la conquête de l'Alsace. La pensée d'une alliance de famille devint bientôt la constante préoccupation des deux princes. Le Febvre fut avec le prince de Craon le confident de ce secret d'État. Invoquant à son aide suivant son habitude les ressources de l'érudition et de l'histoire, il rappelait à l'Empereur les nombreux mariages qui dans le cours de plusieurs siècles avaient uni les deux maisons; il mettait sous ses yeux et faisait répandre partout une généalogie due aux recherches nouvelles des savants lorrains qui avaient trouvé en la personne de Hugues d'Alsace une souche commune à la maison de Lorraine et à celle de Habsbourg, et il insistait sur la majesté d'une alliance qui, après tant de siècles écoulés, allait faire refleurir deux rejetons sortis d'une souche aussi glorieuse et aussi antique (1).

Le mariage du fils aîné du duc de Lorraine avec la fille aînée de l'Empereur fut résolu et quoique ce projet fut

(1) Voir la préface de l'*Histoire de Lorraine*, par Dom Calmet, 1728. Voir pour l'intervention du président Le Febvre dans cette histoire: *Mémoires* par M. Noël, n° 5, tome II, page 183. *Histoire de Lorraine*, par Digot, tome VI, page 132.

encore tenu secret pour ne pas éveiller les susceptibilités
du cabinet français, il était si bien arrêté qu'il ne fut pas
rompu par la mort du prince Clément arrivée en 1723:
Marie-Thérèse promise au prince Clément le fut au
prince François, qui dès lors fut traité à Vienne par
l'empereur Charles VI comme le futur héritier de l'Empire. C'est au milieu de ces brillantes perspectives que
mourut le 27 mars 1729 le duc Léopold, tranquille sur
l'avenir de sa race qu'il voyait déjà sur les marches d'un
des trônes les plus augustes de l'Europe. C'était en
grande partie le dévouement et la prudence de Le Febvre
qui avaient ménagé à la maison de Lorraine une destinée aussi illustre.

Ce fut aussi par là que Le Febvre termina sa carrière
diplomatique. Déjà âgé et fatigué par tant de travaux, il
passa le reste de sa vie dans l'exercice paisible de ses
hautes fonctions judiciaires, gardant avec un soin jaloux
la mémoire du prince excellent qui « a laissé en mourant,
» dit Voltaire, son exemple à suivre aux plus grands
» rois. »

Qui croirait qu'il eût à défendre cette mémoire contre
les caprices d'un nouveau règne et l'inconstance des
hommes de cour.

Le duc Léopold avait institué dans son testament un
conseil de régence composé du prince de Lixheim, du
prince de Craon et de M. Le Febvre. Mais on sait si les
dernières volontés des souverains sont souvent respec-
tées; le testament de Léopold ne fut pas plus heureux
que celui de Louis XIV, il fut cassé et la duchesse de
Lorraine déclarée régente.

La réaction alla plus loin encore. Léopold laissat, il faut bien le dire, les finances dans un état fâcheux. Les longues négociations dans les cours étrangères, un goût naturel pour la magnificence et la prodigalité, une grande générosité pour tout son entourage, la nécessité de maintenir dans une position digne de son brillant avenir son fils François, héritier du trône impérial, tout cela avait occasionné des dépenses considérables qui avaient obéré les finances de l'État (1). Cette situation servit de prétexte à ceux qui aux changements de prince s'empressent de rechercher dans le règne qui finit des imperfections quelquefois imaginaires pour mieux flatter le règne qui commence. On imputa aux courtisans et aux favoris de Léopold la pénurie des finances, et Le Febvre, qui n'avait reçu de son prince en récompense de son dévouement qu'une estime profonde et une confiance sans bornes, fut presque confondu avec les dilapidateurs du trésor public. Il dût sortir du conseil d'État dont il avait été si longtemps l'oracle et les scellés furent mis sur ses papiers (2).

Le Febvre, plus sensible aux imputations dirigées contre la mémoire de son ancien prince qu'à sa propre disgrâce, ne put garder le silence. Le jeune duc François, qui résidait à Vienne depuis que le trône impérial lui était promis, venait d'arriver à Lunéville pour prendre possession de ses nouveaux États. Le Febvre ne perd pas de temps, il va à sa rencontre, se présente à lui et

(1) Voir la note D.

(2) Dépêche de M. d'Audiffret, envoyé de France en Lorraine, 3 avril 1729 (d'Haussonville, tome IV, page 364).

dans un langage rempli de dignité, d'énergie et d'indépendance, il se pose devant le fils comme le défenseur
de la mémoire du père :

« Pendant que vos peuples, dit-il, accablés de la perte
» de leur auguste souverain ne songeaient qu'à lui rendre
» les derniers devoirs, vos sujets ont eu le chagrin de
» voir quelques personnes, qui, abusant de la bonté natu-
» relle de Madame la Régente, se sont emparées du
» gouvernement et par toutes sortes de démonstrations
» publiques ont essayé non-seulement de diminuer
» l'estime et la bonne opinion que tout le monde avait
» du défunt, mais se sont aussi efforcées de rendre autant
» qu'elles ont pu sa mémoire absolument et générale-
» ment odieuse. Ces gens-là n'ont rien omis pour le faire
» regarder comme un dissipateur dont la prodigalité
» outrée a causé la ruine de l'État et celle de sa fa-
» mille, et comme un imprudent jusque dans la distri-
» bution de ses grâces.... La plus grande partie de ces
» dépenses tant reprochées ont efficacement contribué
» au bien de la nation, à la grandeur de la maison
» ducale ; leur excès, s'il y en a eu, ne peut en tout
» cas passer pour un crime aux yeux du fils dont elles
» ont assuré la grandeur..... Vous devez, ajoute en finis-
» sant le courageux magistrat, rendre à tout le monde
» la justice, ce qui est la première obligation des souve-
» rains ; vos fidèles sujets attendent que vous la rendiez
» premièrement à la mémoire de feu S. A. R. votre
» auguste père que l'on a aussi indignement traité, puis
» ensuite à ceux d'entre eux qui sont dans l'oppres-
» sion. »

Un langage aussi hardi étonna d'abord le jeune prince habitué aux rigueurs de l'étiquette autrichienne. « Pen-» dant que je lisais, écrit Le Febvre dans ses mémoires, » le duc m'a dit en plusieurs endroits : «« Voilà qui est »» fort, et à la fin il m'a dit : Voilà qui est trop fort. »» » Je lui répondis que si mon mémoire lui déplaisait » j'allais le brûler au feu de sa chambre. Là-dessus il le » prit de ma main et me dit : «« Non, je veux le garder »» parce qu'il y a quelque chose de bon. »» (1).

François rendit en effet justice au dévouement et au désintéressement de l'ancien serviteur de son père ; il le réintégra dans toutes ses dignités et mit encore souvent à profit ses lumières et son expérience.

Le 12 février 1736, François épousait à Vienne la princesse que l'histoire a immortalisée sous le nom de Marie-Thérèse, et le 26 octobre de la même année Le Febvre mourait à Nancy. Ainsi il avait pu voir au déclin de sa vie se réaliser les espérances qui avaient occupé ses dernières années et luire déjà l'aurore de la gloire dont la maison de Lorraine allait se couvrir sur un nouveau trône.

Quand on songe à l'importance des événements aux-quels Le Febvre fut mêlé et aux grands services qu'il rendit à son pays, on ne peut qu'admirer la modestie, la simplicité et le désintéressement qu'il conservait au milieu des dignités et des honneurs, juste récompense de son mérite.

_____

(1) *Mémoires pour servir à l'histoire de Lorraine*, n° 4, par M. Noël, page 130 et suivantes.

Plus préoccupé des intérêts de son pays que de sa propre gloire, on eût dit qu'il cherchait dans toutes les occasions à effacer sa personne pour mieux servir son prince. Un jour que Léopold le pressait de prendre la qualité d'envoyé extraordinaire, il répondit : « Monsei- » gneur, une représentation d'éclat annonce un ambas- » sadeur, et le préjugé veut qu'on s'en défie. Un parti- » culier qu'on ne remarque point réussit plus sûrement; » je vais à Rome pour servir V. A. R. et non pas pour » étaler des hommes et des chevaux. » (1)

Tout entier au travail et à ses fonctions si diverses, il prenait peu de part aux plaisirs et aux divertissements de la brillante cour de Léopold; c'était dans les joies tranquilles du foyer domestique qu'il venait chercher des délassements à ses travaux ; marié à vingt-deux ans, père de quinze enfants, il trouvait dans les vertus de ses fils et dans les charges honorables dont ils étaient déjà revêtus la plus douce récompense d'une vie pure et austère.

En travaillant à la fortune de son prince, il avait oublié la sienne. Admis dans l'intimité d'un souverain enclin à la magnificence et à la prodigalité, il n'avait demandé comme récompense de ses services que son estime et sa confiance; lui qui avait obtenu pour Léopold de si importantes indemnités, qui avait par ses négo- ciations et ses efforts acquis à la maison de Lorraine l'héritage du sceptre impérial, sortit des affaires sans

---

(1) Extrait d'une biographie écrite par un des fils de Le Febvre (papiers de famille).

avoir augmenté d'un lambeau de terre son modeste
patrimoine (1).

On croit quelquefois que les grands principes de justice
et d'égalité sur lesquels reposent nos sociétés modernes
sont nés d'hier. Il a été cependant donné à des esprits
d'élite de les entrevoir longtemps avant que la Révolution
de la fin du XVIIIᵉ siècle leur ait donné une formule
définitive. Le Febvre fut un de ces esprits droits et im-
partiaux : « En fait de police, écrivait-il en 1722 dans
» un rapport adressé au duc sur la police de Nancy, il
» faut de l'uniformité, c'est-à-dire que la loi soit égale
» pour les grands comme pour les petits puisqu'elle
» concourt au bien commun des uns et des autres. Il
» est bien douloureux au peuple d'être plus gêné que
» les grands par rapport à ce qui doit être généralement
» utile et le peuple se soumet bien plus aisément quand
» il voit les grands lui montrer l'exemple ; en effet est-il
» juste d'accabler les bourgeois d'amendes de police
» pour avoir manqué un jour de balayer devant la porte,
» tandis qu'un officier de police n'osera rien dire à un
» seigneur voisin, qui, faute de faire balayer devant un
» grand hôtel, rend la rue impraticable aux gens de
» pied. »

Ne serait-on pas tenté d'assigner à un tel langage une
date postérieure à 89, si dans les grandes âmes la justice
ne se faisait jour à toutes les époques ?

Au milieu d'une société où les distinctions de naissance

---

(1) Le prince et la princesse de Beauvau-Craon avaient reçu de Léopold
des terres et des présents qui valaient 500,000 livres de revenu (Dépêche de
M. d'Audiffret, juillet 1730, d'Haussonville, tome IV, page 375).

jouaient un si grand rôle, Le Febvre comprenait que la
noblesse n'est pas un mérite et que les talents et les
vertus doivent seuls établir des différences entre les
hommes.

Plus occupé à débrouiller les origines de l'État et de
ses princes, il avait oublié l'ancienne noblesse de sa
famille et reçut de Léopold des lettres d'anoblissement.
A la mort du duc, on leva des impôts dans l'espoir de
rétablir les finances obérées. Les anoblissements avaient
été multipliés avec une inconcevable facilité, et étaient
devenus plutôt le prix de la fortune que la récompense
de véritables services. Une taxe est établie sur les nouveaux anoblis et Le Febvre est confondu avec la foule
par la duchesse régente. Sa dignité s'en offense et il lui
adresse une supplique à l'effet d'être déchargé de la taxe.
« Ce n'est pas par un esprit d'intérêt et d'épargne,
» écrit-il, qu'il ose présenter cette requête, mais c'est
» par un principe d'honneur. Il est mortifié de se voir,
» après plus de trente-deux ans de services aussi essen-
» tiels au souverain et à l'État, réduit à l'ignominie
» d'une taxe qui ne doit regarder que les anoblis gra-
» tuitement et sans mérite. » La souveraine fit droit à
une si légitime susceptibilité et exempta Le Febvre de la
taxe (1).

Un caractère aussi digne, un désintéressement aussi
grand lui donnaient le droit de tenir en face du prince
un langage ferme et indépendant. Quand il présentait au
nouveau duc François sa remontrance courageuse et

____

(1) Voir la note E.

sévère, il ne faisait que montrer un des grands côtés de son caractère, un dévouement sans faiblesse et une conscience qui n'abdiquait jamais.

C'est surtout en matière de finances que le fidèle conseiller eut plus d'une fois à redresser les erreurs de Léopold porté par ses grandes dépenses même à des spéculations aventureuses. Ce fut Le Febvre qui conseilla au duc de ne pas accueillir le système financier de Law. Quelques années après, Léopold établit dans son duché une nouvelle compagnie de commerce dirigée par un sieur d'Aubonne et qui fut aussi désastreuse pour la Lorraine que venait de l'être pour la France les entreprises du banquier écossais (1). Le président Le Febvre qui prévoyait l'événement avait présenté au duc un mémoire pour le dissuader : « Monseigneur, disait-il, » vous allez perdre le fruit de vingt années d'économies » Votre Altesse veut le bien mais elle voit mal dans ce » moment. Il ne sera plus temps de s'en repentir, le mal » sera peut-être sans remède. » Le duc ne crut pas devoir écouter ces sages conseils et Le Febvre inséra ce qui suit dans ses mémoires qu'il n'écrivait pas comme tant d'autres pour préparer sa propre gloire devant la postérité mais où il inscrivait jour par jour, simplement et sans apprêt, des souvenirs qui le mettaient en règle avec lui-même et avec sa conscience : « Comme j'ai re- » connu en toutes les démarches de S. A. R. à cet égard » qu'elle avait conçu une très-haute idée des proposi- » tions que le sieur d'Aubonne lui a faites et que j'ap-

<hr>

(1) Voir la note F.

» préhende que les espérances que S. A. R. s'en est
» formées ne soient trompées, j'ai cru devoir pour jus-
» tifier ma conduite en cette rencontre, mettre par écrit
» ce qui s'est passé à cet égard, afin que si je venais à
» mourir, on connaisse le cas échéant que j'ai fait mon
» devoir en représentant à S. A. R. tout ce qui m'a
» semblé nécessaire pour ne rien risquer de sa part et
» pour assurer même une indemnité suffisante à ses
» peuples des pertes qu'ils souffriront. »

Messieurs, les hommes qui approchent des princes
sans devenir courtisans et qui négligent pour le bien
de l'État le soin de leurs propres intérêts sont rares à
rencontrer. Soyons fiers et dignes de notre ordre où le
premier président Le Febvre a passé quinze années de
sa carrière, et dans les traditions duquel il a puisé ses
plus nobles inspirations. Le travail, le désintéressemen
et l'indépendance n'ont ils pas été les grands mobiles de
cette vie que je viens d'essayer de vous retracer, ne
sont-ce pas là aussi les vertus traditionnelles qui font la
gloire et la force du barreau français?

APPENDICE.

(A) Les Biographes varient sur la date de la naissance de Le Febvre.
Nous avons pris la date du 7 février 1663 aux archives particulières
de sa famille, dans une biographie écrite par l'un de ses fils.

La famille Le Febvre est noble et ancienne. Sa filiation commence à
Didier Le Febvre, écuyer, seigneur de Longchamps, mort en 1560, qui
avait épousé Méline de Bar de Ronfeux, issue d'une branche de la
maison ducale de Bar.

Nicolas-Joseph Le Febvre, né le 7 février 1663, chevalier, seigneur
de Montjoye, Holvetz, Hennamesnil, était fils de Pierre Le Febvre,
seigneur de Saux, conseiller-secrétaire du duc Charles IV et de Jeanne
Guischard. Il laissa de sa femme, Mademoiselle Jeanne-Claude Guillen
(de Besançon), une nombreuse postérité qui a formé deux branches :
1° la branche des Le Febvre de Tumejus, représentée aujourd'hui par
Madame Le Febvre de Tumejus née de Barthélemy et ses deux filles,
Mesdames Delmas de la Coste et de la Chevardière de la Grandville ;
2° la branche des Le Febvre de Montjoye représentée par M. Amédée
Le Febvre de Monjoye.

Les armes des Le Febvre sont : *écartelé, aux 1 et 4 d'or, au buste
de cerf mouvant de la pointe au naturel, au chef d'azur chargé d'une
larme d'argent entre deux quintefeuilles d'or ; aux 2 et 3 d'azur à
trois pals d'argent, au chef de gueules chargé de trois étoiles d'or.*

V. Dom Pelletier *nobiliaire de Lorraine. Annuaire de la noblesse,*
par Borel d'Hauterive 1864. *Biographie du parlement de Metz,* par
Michel, etc.

(B) Henry de Thiard de Bissy, fils de Claude de Thiard comte de
Bissy, lieutenant général des armées du roi, gouverneur de la Lorraine
et des Trois-Évêchés et de Bonne-Louise d'Haraucourt, fut nommé, par
le roi Louis XIV, à l'Évêché de Toul en 1687, transféré à Meaux en
1704 pour y remplacer Bossuet, cardinal en 1715. V. *Biog. du parl.
de Metz*, par Michel, au mot Thiard de Bissy; D. Calmet, *notice de
Lorraine*, tome 1, col. 546.

(C) Les manuscrits conservés au château de Tumejus et qui ont été
mis à ma disposition avec une parfaite obligeance, ont été mis en ordre,
annotés et même augmentés par les fils du premier président Le Febvre,
de sorte qu'on y trouve, à côté des œuvres de ce dernier, plusieurs
manuscrits d'une époque postérieure à sa mort. *Les réflexions sur
l'élection de l'Empereur François Ier, aujourd'hui régnant*, nous paraissent
avoir été faussement attribués au président Le Febvre, quoique
le manuscrit se trouve confondu au milieu de ses papiers ; on y trouve
la relation de faits qui se sont passés après sa mort. Un des fils du
président Le Febvre, Joseph-Charles Le Febvre de Montjoye, fut
conseiller d'état et commissaire ducal pour la cession de la Lorraine
en 1737.

Les archives de Tumejus renferment aussi de très-importants et
intéressants manuscrits sur l'histoire de la Lorraine, sur celle de la
maison ducale et de la noblesse lorraine en général.

(D) « Les sources des dépenses extraordinaires du duc Léopold
» pour son État ont été : 1º pour se procurer la justice qui lui était
» due sur ses prétentions d'État ; 2º pour s'acquérir et se conserver
» la protection des principales puissances ; 3º pour procurer à ses
» États la tranquillité non-seulement momentanée pendant la dernière
» guerre, mais aussi pour toujours par une neutralité perpétuelle ;
» 4º pour se défendre contre les tracasseries que certains ecclésias-
» tiques lui avaient suscitées. » (Extrait du mémoire présenté par le
président Le Febvre au duc François), archives de Tumejus.

(E) Voici le texte de cette supplique :

« Supplie très-humblement Nicolas-Joseph Le Febvre, chevalier,
» conseiller de S. A. R. en tous ses conseils d'État et privé, pre-
» mier président de la chambre des comptes, cour des aides et des
» monnoyes de Lorraine

» Disant qu'à la paix de Ryswick, il se trouvait exerçant la profes-
» sion d'avocat au parlement de Metz, et quoiqu'il y fût avec agrément
» et distinction, l'amour de sa patrie et le zèle pour son souverain
» le déterminèrent à quitter cet établissement, tout avantageux qu'il
» lui était pour retourner en Lorraine, où ayant été fait d'abord
» premier substitut du procureur général en la cour Souveraine, il
» fit toutes les fonctions du parquet pendant un an jusqu'à ce que
» feu M. Bourcier fut pourvu de la charge de procureur général.

» S. A. R. ayant en 1700 fait un code pour le réglement de la
» justice, il s'éleva de grandes difficultés de la part de Messeigneurs
» les Évêques qui furent appuyés de la cour de Rome.

» S. A. R. après avoir tenté inutilement de les terminer pendant
» plus de trois ans, résolut enfin de s'adresser à la cour de Rome
» même où elle députa, MM. le marquis de Lenoncourt et l'abbé de
» Nay que M. Bourcier instruit à fond de ce différend devait accom-
» pagner ; mais étant arrivé à Florence, ce dernier fut averti par
» l'abbé Valentin, agent de Lorraine à Rome, que s'il y entrait il
» courrait risque de quelques affronts de la part des officiers de l'In-
» quisition, ce qui l'obligea de retourner à Venise pendant que les
» envoyés poursuivirent le chemin de Rome. S. A. R. ayant appris
» cet obstacle, proposa au suppliant de faire le voyage de Rome pour
» y suppléer ce que M. Bourcier devoit y faire ; à quoi il obéit et se
» rendit à Rome au commencement de 1705 ; resta jusqu'en Juillet
» 1706, où l'affaire du code fut terminée par les offres qui furent
» faites d'abolir le code et d'en imprimer un autre, dans lequel il ne
» seroit pas parlé des matières ecclésiastiques.

» A peine le suppliant étoit de retour en Lorraine que S. A. R.

» le renvoya à Munster où l'élection de l'Évêché se traitoit et auquel
» S. A. R. songeoit pour feu Monseigneur le prince Charles son frère
» et comme l'élection se fit de deux sujets, S. A. R. ordonna au
» suppliant d'accompagner au voyage de Rome le chanoine député
» par le parti de Monseigneur le prince Charles, ce qu'il fit. Cet
» affaire ayant été finie au mois de May 1707, S. A R. fit encor
» rester le suppliant à Rome jusqu'en Juillet 1708 ; pendant lequel
» tems il traita de plusieurs affaires importantes, entre autres du
» baptême du feu prince Léopold-Clément ; après quoi elle lui ordonna
» d'aller joindre Monseigneur le prince Charles à Milan où , étant
» resté quelque tems à régler le temporel de ses abbayes, S. A. R.
» le rappela.

» Comme au commencement de l'année 1709, on parla fortement
» de la paix et quil se fit à ce sujet un congrès à Gertruidenberg,
» S. A. R. résolut de faire aller à la cour de Vienne Messeigneurs
» les princes Charles et François ses frères qui étaient à Osnabrück ;
» elle envoya le suppliant pour leur annoncer ce dessein et les déter-
» miner au voyage de Vienne où il devoit les suivre pour dresser tous
» les mémoires qu'il faudroit donner à l'Empereur et à ses ministres
» pour les intérêts de S. A. R. à ce congrès, ce qui fut exécuté. Le
» suppliant, ayant trouvé à Vienne Monseigneur Annibal Albani,
» neveu du pape, qui y était nonce extraordinaire (et qui est à présent
» cardinal), comme c'étoit avec lui que le suppliant avoit secrètement
» négocié l'affaire du code à Rome, il fit entendre au suppliant que
» la cour de Rome n'avoit pas été satisfaite de la réimpression du nou-
» veau code fait en 1707, en ce que dans la préface on avoit inséré une
» clause de réserve indéfinie des usages du pays, que l'on soupçonnoit
» qu'il enveloppoit la rétention de toutes les dispositions retranchées
» du code ; que le pape demandoit que S. A. R. supprimât cette
» préface et que tandis que S. A. R. ne lui auroit pas donné cette
» satisfaction là-dessus, il ne lui donneroit aucun bref d'éligibilité en
» faveur de Messeigneurs ses frères, quoiqu'ils l'en eussent sollicité.

» Comme alors on songeoit à la coadjutorerie de Trèves pour Mon-
» seigneur le prince Charles et qu'il s'y trouvoit d'assez bonnes dis-
» positions pour cela, S. A. R. chargea le suppliant de négocier avec
» mondit seigneur Albani sur ces nouvelles difficultés, ce qu'il fit
» pendant plusieurs mois, après lesquels elles furent terminées ; et
» ledit seigneur Albani délivra au suppliant le bref d'éligibilité pour
» Trèves, qui fut suivi d'une heureuse élection et de la succession
» à l'Electorat.

» Le suppliant, de retour en Lorraine sur la fin de 1709, fut
» honoré du caractère de conseiller d'État par patentes du 26e novembre
» et de la charge de 1er président des requêtes du palais établie par
» édit du 6e juillet de la même année et supprimée par un autre du
» mois de décembre 1713. Le suppliant, dis-je, de retour en Lorraine
» fut envoyé en 1711 avec M. le marquis de Gerbéviller à Barcelone
» près de l'empereur Charles VI, alors roi d'Espagne sous le nom de
» Charles III, lequel, ayant, à l'occasion de la mort de l'empereur
» Joseph son frère, entrepris le voyage de l'Allemagne fut rencontré
» à Milan. (Ce voyage était à l'occasion de la neutralité de la Lorraine).
» Sur la fin de 1713, il fut pourvu de la charge de procureur général
» des chambres des comptes de Lorraine et de Bar par la mort de
» M. Vignolle.

» En 1716, S. A. R. voulant l'envoyer à Paris pour négocier l'exé-
» cution du traité de Ryswick, ordonna à MM. de Mahuet et Protin
» de s'y rendre ce qui fut exécuté et où il travailla utilement non-
» seulement à la conclusion de cette grande affaire mais aussi à un
» mémoire important des *droits la couronne sur le Barrois mouvant*
» avec feu M. Arrault, chef du conseil de S. A. R. à Paris où l'excès
» du travail causa un accident d'apoplexie et une paralysie au suppliant
» dont il fut affligé assez longtemps. Ce mémoire fut dans la suite fort
» augmenté par le suppliant et a été imprimé. Les feuilles en sont au
» bureau des secrétaires du cabinet.

» En 1720, l'affaire de l'indemnité du duché de Montferrat étant

» sur ses fins, S. A. R. envoya le suppliant à Vienne pour concourir
» avec feu M. le comte des Armoises à la terminer par la concession
» du duché de Teschen en Silésie, ce qui ne finit qu'en 1721.

» En 1726, au mois de février, il fut fait 1er président de la chambre
» des comptes de Lorraine. Depuis son retour de Vienne, S. A. R. a
» retenu le suppliant à Lunéville les trois quarts de l'année, où il a
» travaillé d'une manière continuelle aux affaires du dedans et du
» dehors de l'État.

» Comme dans le cours des services énoncés ci-devant, S. A. R.
» honora le suppliant du titre de noblesse, il est arrivé qu'il a été con-
» fondu dans une taxe de 1,500 livres avec quantité d'autres personnes
» qui ne l'ont obtenu que par protections sans lesquelles elles ne l'au-
» roient pas mérité.

» Ce n'est pas par un esprit d'intérêt et d'épargne qu'il ose présenter
» cette requête, mais c'est par un principe d'honneur ; qu'il est mortifié
» de se voir, après plus de trente-deux ans de services aussi essentiels
» au souverain et à l'État que ceux-là, réduit à l'ignominie d'une taxe
» qui ne doit regarder que les anoblis gratuitement et sans mérite Dans
» tous les États du monde, les grâces faites pour récompense de ser-
» vices ne se révoquent ni ne s'aggravent point, c'est ce qui fait espérer
» au suppliant que S. A. R. Madame voudra bien le distinguer de la
» foule et marquer au public que la satisfaction que tout le monde sait
» que S. A. R. a eue des longs et utiles services du suppliant mérite cette
» distinction ; laquelle sans doute, ne sera pas tirée à conséquence, n'y
» ayant personne dans ses États qui soit dans le même cas que le
» suppliant.

» Ce considéré, Madame, il plaise à V. A. R. décharger le suppliant
» de la taxe de 1,500 livres à laquelle il est imposé à cause de noblesse
» dans le rôle de joyeux avènement, sauf à l'y faire cotiser comme
» chef de compagnie souveraine, et le suppliant continuera ses vœux
» pour la conservation de S. A. R. »

Le Febvre fut déchargé de la taxe comme anobli et ne paya que
200 livres comme premier président.

(F) On assurait au sieur Regard d'Aubonne, pour une durée de 14 années, les priviléges des droits de change, des loteries, des monts-de-piété, de plusieurs forges, d'une manufacture de draps à Nancy, des foires franches de St-Nicolas-de-Port, de la fabrication des monnaies, etc. Moyennant la concession de ces priviléges, la compagnie s'engageait à payer les dettes de l'État jusqu'à concurrence de 7,600,000 livres. Le 8 juin 1724, la cour souveraine publia *du très-exprès commandement de S. A. R.*, l'édit qui autorisait cette compagnie financière. Le 26 octobre de la même année, d'Aubonne disparaissait avec la caisse et les titres des créanciers. Voir *Recueil des ordonnances de Lorraine*, par Rogéville, tomes 3 et 4.

Metz, Typogr. et Lithog. de NOUVIAN, au bas de la rue Tête-d'Or. — 1-68

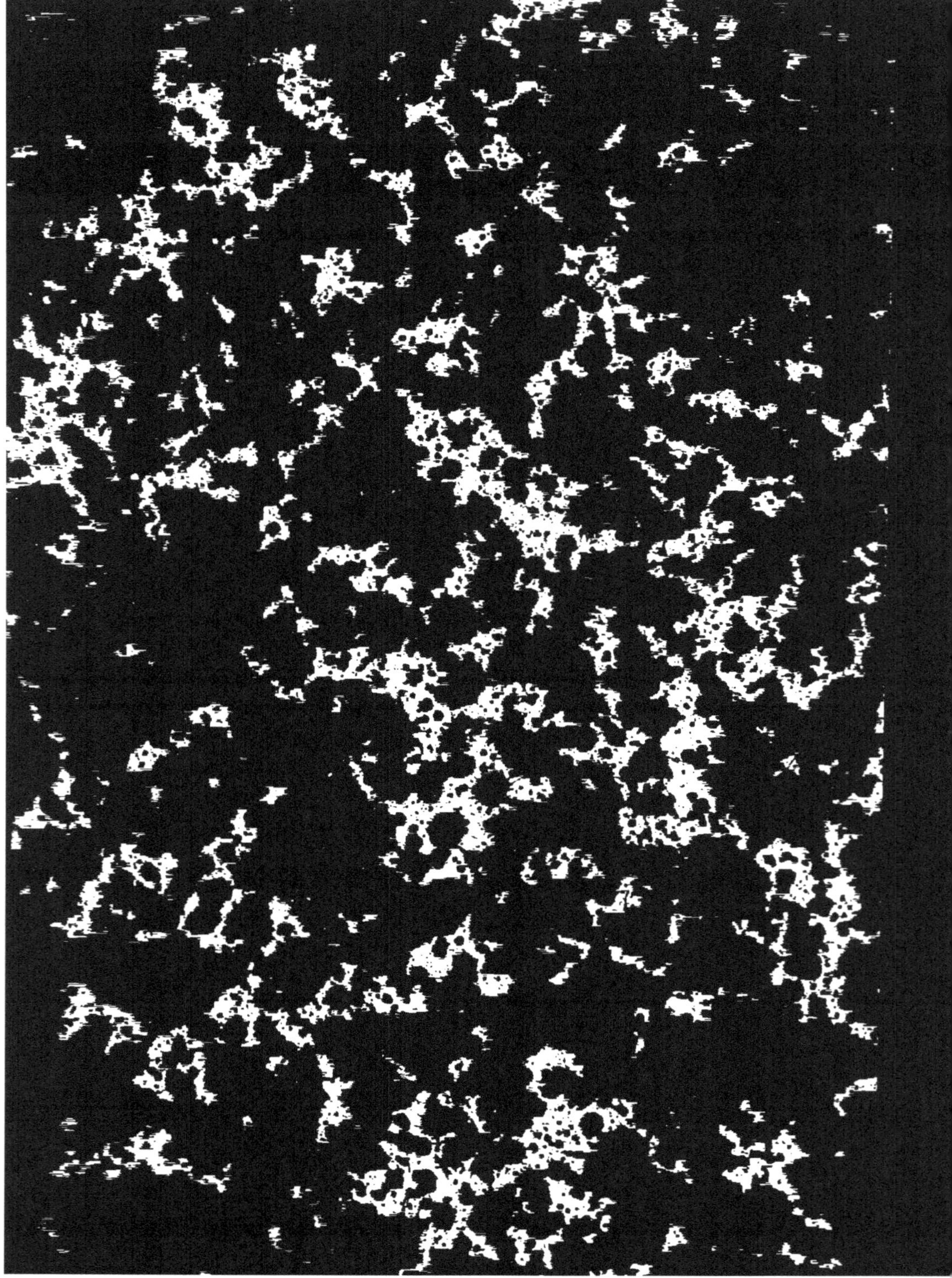